De vie en vie

Van Gogh

Brigitte Labbé • Michel Puech

Illustrations de Jean-Pierre Joblin

MILAN
jeunesse

En faisant défiler rapidement les pages
de ce livre, le dessin situé juste au bas
de la page de droite s'animera.
Chaque livre de la collection
De vie en vie a son *flip-book*.

Entre l'église et les champs

*V*incent Van Gogh est né à Groot Zundert, un petit village hollandais tout près de la Belgique. Son père est pasteur, il dirige les cérémonies à l'église protestante et enseigne la religion aux habitants du village. Toute la famille Van Gogh loge au presbytère, une maison modeste qui dépend de l'église. À quelques pas de là, la vie des champs, la nature à perte de vue, la campagne hollandaise, le ciel tantôt sombre et menaçant, tantôt lumineux et calme, les arbres, et les fleurs que la mère de

Vincent aime peindre. Vincent, lui, adore se promener, il est passionné par la nature, il apprend le nom de centaines d'insectes, il aime beaucoup lire aussi, des romans ou des livres sur la religion.

Une vie agréable qui s'interrompt à 11 ans, puisqu'il faut entrer en pension, étudier. Puis, à 16 ans, il faut partir travailler à la ville, le salaire de son père ne suffisant pas à lui payer de plus longues études. Grâce à ses oncles, qui sont marchands d'œuvres d'art, Vincent trouve une place d'employé dans une galerie de tableaux, à La Haye.

Vincent, apprenti vendeur

Cent photos vendues en une seule journée ! Un record. Évidemment, ce serait mieux de vendre les peintures que leurs reproductions photographiques. Mais Vincent est tout de même content, la journée a été bonne.

Il a 20 ans et il est heureux. Depuis qu'il a quitté l'école, en mars 1868, il n'a eu aucun regret. Aux odeurs d'encre et de craie, il préfère de loin celles de peinture, d'huile et de vernis. Il a seulement la nostalgie des longues balades en pleine campagne, quand il disparaissait avec son petit frère Théo pour des après-midi entiers à courir derrière les papillons, à jeter des cailloux dans les étangs, à faire siffler les brins d'herbe.

Ici, à La Haye, ni campagne, ni Théo. Mais Vincent va vite trouver comment rester proche de son frère : il lui écrira tous les jours. Et il a trouvé une promenade qui le rend aussi heureux que les promenades en pleine nature : les visites au musée.

Les tableaux de paysages, les grandes toiles au ciel sombre, les bois, les champs, le captivent ; il aime tout ce qui représente la nature. Les peintures qui montrent la vie des paysans le touchent aussi beaucoup, il aime voir le travail de la terre, un travail vrai, simple et honnête.

Excellent vendeur d'art

À la galerie, Vincent se débrouille de mieux en mieux. Cela fait maintenant quatre ans qu'il y travaille, il est sérieux, bien élevé, poli avec les clients. Et puis il aime vraiment la peinture. Les clients le sentent et sont en confiance avec lui, il sait orienter leur choix, les rassurer, il sait les conseiller, même s'il ne partage pas toujours leurs goûts.

Les patrons de la galerie sont tellement satisfaits du jeune Van Gogh qu'ils décident de l'envoyer en Angleterre, à Londres, où ils possèdent une galerie plus importante. La carrière de Vincent, marchand d'art, s'annonce bien.

Gros chagrin d'amour

Un travail qu'il aime, une vie libre à l'étranger, la découverte des peintres anglais, les musées de Londres, et en plus l'amour : Vincent est en grande forme. Il ne lui a pas fallu longtemps pour tomber amoureux d'Eugénie, la fille de madame Loyer, chez qui il loge à Londres. Cela fait des jours et des jours qu'il se demande comment déclarer son amour. Ce n'est pas un problème d'anglais, Vincent se débrouille parfaitement bien dans cette langue. Non, c'est plus embêtant. Il ne sait pas comment s'y prendre, il est mal à

7

l'aise et timide. Mais croiser Eugénie tous les jours devient un vrai supplice, alors il faut qu'il se lance.

Quand Vincent se lance, il y va à fond, c'est vraiment tout ou rien : il demande directement Eugénie en mariage ! Il ne s'est jamais permis de lui effleurer la main ni de lui glisser un mot doux et, soudain, il lui demande de devenir sa femme ! Eugénie n'en revient pas. Décidément, ce grand garçon maigre aux cheveux roux, aux yeux bleus presque transparents et au regard pourtant sombre est vraiment trop étrange.

Le refus d'Eugénie détruit Vincent. Londres devient noir, c'est la déprime. Vincent n'a plus d'énergie, plus rien ne l'intéresse. Sauf dessiner. Quand il sort ses carnets et

8

ses crayons, il se sent un peu mieux. Mais au travail il se traîne, il aurait plutôt tendance à repousser les clients qu'à leur donner envie. Très vite, le directeur de la galerie ne le supporte plus, et décide de s'en débarrasser. Direction Paris. La société Goupil et compagnie, à qui appartiennent les galeries de Londres et de La Haye, possède aussi une galerie à Paris, place de l'Opéra. Il y a plus d'employés qu'à Londres, ils pourront surveiller Vincent.

9

La Haye, Londres, Paris

Même à Paris, son travail l'intéresse beaucoup moins ; pire, ce travail l'énerve. Il ne supporte plus de vendre des peintures qu'il juge médiocres. Depuis l'âge de 16 ans, il visite des musées, parmi les plus beaux d'Europe, ceux de La Haye, de Londres, et maintenant de

Paris. Chaque week-end, il va au Louvre ou au musée du Luxembourg. Voilà presque six ans qu'il passe tout son temps libre devant des tableaux de grands maîtres, alors, forcément, son goût en peinture s'est formé et affirmé. Fini l'adolescent poli de La Haye, approuvant avec un grand sourire le choix de ses clients. Dire le contraire de ce qu'il ressent est devenu impensable. À 22 ans, Vincent n'est plus ni prudent ni patient. Terminé. Il veut le vrai, le sincère, l'authentique. Dans la peinture, comme dans la vie.

Et, dans la vie, il cherche cela dans la religion : depuis son arrivée à Paris, Vincent lit beaucoup la Bible et va de plus en plus dans les églises écouter les sermons des pasteurs.

Son chagrin d'amour est loin… Quand Théo reçoit ses lettres, il doit se poser des questions : à longueur de pages, Vincent lui donne des conseils de vie, lui recommande de lire régulièrement la Bible, et aussi de penser à développer sa sensibilité. *« Le meilleur moyen d'aimer Dieu, c'est d'aimer beaucoup de choses »*, explique Vincent.

11

Fin de carrière

Noël 1875 approche. Vincent se sent seul à Paris, il a une terrible envie d'être en famille pour célébrer cette grande fête religieuse. Sans prévenir son patron, il file en Hollande et s'accorde quelques jours de vacances. Au retour, problème : aucun employé n'a le droit de disparaître comme cela, du jour au lendemain. Attitude inacceptable, Vincent est renvoyé.

À 22 ans, sa carrière de marchand d'art est terminée. Il ne vendra plus un seul tableau. Mais ce renvoi ne le traumatise pas.

Le choix de Vincent

Il trouve d'abord un travail en Angleterre, dans une école que fréquentent les enfants des banlieues pauvres de Londres. En arpentant les rues pour réclamer l'argent aux familles qui oublient de payer l'école, Vincent découvre la pauvreté, la grande misère, comme celle que Charles Dickens décrit dans ses livres, que Vincent a dévorés. Mais là, c'est en vrai. Et Vincent ne supporte pas de ne rien faire pour soulager les souffrances qu'il voit autour de lui. Pour ce grand lecteur de la Bible, à la recherche d'une mission dans la vie, il n'y a qu'une seule chose à faire : apporter à tous ces gens la parole de Dieu. Il quitte l'école et se met au service d'un pasteur, il se sent enfin utile.

Théo commence à s'inquiéter. Dans ses lettres, Vincent fait de longs discours religieux, il raconte qu'il a vu Dieu, que Dieu lui a parlé, il donne l'impression d'être perturbé et très agité. Les parents de Vincent profitent des fêtes de fin d'année qui approchent pour le faire revenir en Hollande.

13

De retour en Hollande, Vincent annonce qu'il veut être pasteur. Pourquoi pas ? Son père est pasteur, son grand-père l'était aussi, c'est une tradition dans la famille Van Gogh. Ses parents et ses oncles acceptent de l'aider, mais très vite tout le monde s'aperçoit que Vincent va rater les études de pasteur. Au lieu d'étudier l'histoire de la religion, le grec, le latin, il passe son temps dans les églises. Le soir, il est tellement furieux contre lui-même qu'il se punit en se frappant violemment ou en se forçant à travailler dans une pièce gelée.

Comme prévu, il rate les examens. Mais rien ne peut plus le détourner de son projet : témoigner de l'existence de Dieu. Il se passera de diplôme.

14   Vivre comme Jésus

« *Va, vends ce que tu possèdes, donne-le aux pauvres et tu auras un trésor aux cieux ; puis viens, suis-moi.* » Cette parole de Jésus, Vincent est prêt à l'appliquer. Prêt à vivre comme les Évangiles le demandent. Prêt à partir en mission au bout du monde pour faire connaître Dieu et apporter sa lumière aux pauvres. Il n'ira pas loin : il a trouvé une organisation religieuse qui l'envoie en mission en Belgique, dans le Borinage, une des régions les plus pauvres d'Europe. Ce n'est qu'une mission d'essai, car personne ne veut prendre le risque d'engager ce jeune homme qui a du mal à s'exprimer calmement, et qui s'énerve dès qu'on lui fait une remarque.

Le ciel est loin, au Borinage

15

À 600 mètres sous terre, dans les mines de charbon, les hommes ont autre chose à faire que de parler de Dieu. Creuser, avancer, le corps plié en deux, construire des galeries,

extraire le charbon, s'écorcher les mains, s'encrasser les poumons, tousser, cracher de la poussière noire. Le ciel est loin quand on est au fond de la mine, on n'aperçoit qu'un tout petit point blanc, loin, très loin. Travailler comme des bêtes, douze, quatorze heures par jour, avec la peur au ventre, la peur d'une explosion de gaz, le coup de grisou que tous les mineurs redoutent. La peur de faire un jour partie de ces corps brûlés, écrasés, que la mine recrache, régulièrement.

Dès son arrivée au Borinage, Vincent décide de vivre la même vie que les mineurs. Pas question de les attendre, en haut, à la sortie de la mine, dans un costume propre, les bras croisés sur un ventre plein, pour leur demander de prier le Seigneur Dieu. Non. Il faut vivre comme eux, s'habiller comme eux, coucher sur la paille, manger de la soupe et des pommes de terre.

Mineurs noirs sur la neige

Il n'y a pas de tableau au Borinage. Pas de musée. Les chefs-d'œuvre de Rembrandt, de Delacroix, de Courbet, de Dürer, de Corot, de Millet, ces grands maîtres que Vincent admire, sont loin. Mais les paysages de ce pays noir frappent le regard de Vincent et le saisissent tout entier, aussi fortement que les tableaux de ces peintres. Là où la plupart des gens ne voient qu'une rangée d'habitations misérables, une montagne de charbon, une file de mineurs noirs sur la neige, Vincent voit la beauté d'un tableau, fort et vrai. Ces scènes lui rappellent la peinture réaliste de Jean-François Millet, le peintre qui le touche le plus.

17

De son ancienne vie, Vincent a gardé ce regard, et aussi ses carnets de dessin et ses crayons. Il envoie à son frère Théo des dessins de travailleurs courbés sous le poids des sacs de charbon, des croquis de mineurs épuisés, des maisons d'ouvriers, il griffonne un semeur aux champs… Il aimerait que Théo se fasse une idée de l'endroit où il vit, même s'il n'a pas le coup de crayon pour dessiner parfaitement les jambes, les visages, les mains, les corps, comme on le demande dans les écoles de dessin. Mais il sait montrer des choses qu'aucune technique n'enseigne. Il sait montrer ce qu'il ressent : la misère, la fatigue, la tristesse, le désespoir, la colère, la révolte.

Un saint ou un fou

Vincent marche. Il ne sent pas les cailloux sous ses pieds nus. Ni le froid de l'automne qui s'infiltre dans ses vêtements troués. Il marche, le dos tourné au Borinage. On ne veut plus de lui. Ou plutôt : l'Église ne veut plus de lui. Quand l'inspecteur est venu voir comment se passait la mission de Vincent, il n'en a pas cru ses yeux. Quoi ? C'est cet homme sale, maigre, épuisé, qui représente notre Église ! Un homme d'église doit donner l'idée d'une Église prospère, solide, respectable. Honte à vous, Vincent, partez !

Vincent marche, seul. *« Il est fou, il est fou ! »* crient les enfants sur son passage. Il faut dire qu'avec ses vêtements déchirés, sa barbe rousse et ses pieds nus il n'a pas l'air d'être comme tout le monde.

19

« Nous l'avons pris pour un fou, dira un jour le pasteur Bonte, *mais il est peut-être un saint. »* Vincent, lui, se dit que personne ne comprend qu'il veut simplement être un vrai chrétien.

Une conversion

Heureusement que ce jour-là Vincent, désespéré, demande conseil au pasteur Pietersen. « *Dessinez, peignez, voilà ce que vous devez faire* », lui recommande le pasteur en découvrant les dessins du Borinage que Vincent lui montre. Pas de doute, Vincent s'exprime mille fois mieux avec ses dessins qu'avec ses sermons.

En parlant avec lui, Pietersen comprend que Vincent fait fausse route : la vérité, la sincérité, la force des sentiments qu'il cherche dans la religion, il doit les chercher dans l'art. Ce qu'il cherche, il le trouvera dans la peinture.

Le pasteur Pietersen a trouvé les mots justes, Vincent va se lancer à fond dans ce nouveau projet. Jusqu'à la mort.

Une obsession

À 27 ans, Vincent arrive à Bruxelles, sans travail, sans rien, mais avec une obsession : apprendre à mieux dessiner. Il travaille avec rage, comme s'il avait peur de ne pas avoir le temps. Il va dans une école d'art à Bruxelles, puis part à Amsterdam, puis à La Haye. Il dessine, mais son cousin peintre, Anton Mauve, lui conseille de peindre. Vincent a confiance en lui et l'écoute, il peint ses premiers tableaux. Il copie des tableaux de maître pour apprendre, apprendre et encore apprendre. Il essaie de vendre des dessins pour rembourser Théo qui lui envoie régulièrement de l'argent, mais personne ne veut les acheter.

21

Un jour, Vincent craque, il n'en peut plus. Il plaque tout, la femme avec qui il vit, les écoles de dessin, les professeurs, la ville. Il a besoin de nature, de nature sauvage, d'air, de grands espaces, d'arbres, de vraie lumière, celle qui change à chaque instant, besoin de voir le ciel, les saisons passer, les paysans travailler. Il vagabonde, erre sur les chemins, en loques, parfois affamé, et finit par échouer, un jour de pluie battante, à Nuenen, où vivent maintenant ses parents.

22

Les Mangeurs de pommes de terre

À Nuenen, Vincent peint énormément. Chaque matin, il met du pain et du fromage dans son sac et s'en va sur les chemins de campagne, à la recherche d'un paysage qui accroche son regard. Il peint sur le motif, en plein air, au milieu des champs, au bord d'un étang ou sous un arbre, jusqu'à la tombée de la nuit.

Il ne voit presque plus personne, maintenant. Il faut dire que son attitude bizarre a refroidi tout le monde. Quand il était invité à déjeuner, il ne s'asseyait pas à table, mais se mettait sur une chaise à l'écart, et refusait de manger avec tout le monde. À force, il s'est fait une réputation de fou du village et les gens l'évitent.

23

Sauf cette famille de paysans qui acceptent qu'il vienne chez eux pour les peindre en train de manger. Vincent ne veut pas simplement montrer des gens à table. Il veut que sa peinture montre que ces gens ont honnêtement gagné leur nourriture, il veut qu'on sente que les mains qui prennent les pommes de terre dans le plat ont aussi labouré la terre. Pas

question d'embellir leurs visages, leurs vêtements ou le décor, Vincent ne peint pas pour
faire beau, il peint pour attirer l'attention,
pour montrer des choses qu'on ne voit pas toujours. Il espère réussir une vraie peinture de
paysans, une peinture qui sent le lard,
explique-t-il à Théo.

Évidemment, dans les salons chics, ce genre
d'odeur n'est pas très apprécié… D'ailleurs,

Théo, qui travaille chez Goupil et compagnie à Paris, n'a pas encore vendu un seul tableau signé Vincent Van Gogh. Même, l'ami du père de Vincent a emporté *les Mangeurs de pommes de terre* en oubliant de payer.

La peinture de l'Académie

« *Regarde, le fou qui part peindre !* » crie un gamin en apercevant Vincent sur le chemin qui mène à la sortie du village. Personne ne peut deviner qu'il ne reviendra pas ce soir, ni les soirs suivants. Quand Vincent quitte un endroit, il part sans rien, il ne prévient personne et abandonne derrière lui tous ses tableaux. Les voisins les récupéreront pour remplacer une vitre cassée en attendant une meilleure réparation ou bien ils les jetteront à la poubelle.

Vincent n'en peut plus de ce village, alors il part. En Belgique, à Anvers. Il veut voir du monde, des musées, prendre des cours de dessin.

À l'Académie de peinture, Vincent bout intérieurement : dessiner des statues de l'Antiquité l'ennuie à mourir. Une paysanne fatiguée l'inspire plus qu'une statue ou qu'une dame chic en grande toilette. Il serre les dents quand le professeur le critique parce que les contours des pieds ou du nez ne sont pas parfaits. Il trouve cette peinture académique morte, plate, sèche, elle le laisse totalement froid. Vincent veut apprendre à maîtriser le dessin, les proportions, les perspectives, mais il sent qu'il perd son temps avec ces professeurs.

Pour lui, être peintre, ce n'est pas reproduire parfaitement les choses, comme une photographie. À quoi sert le peintre s'il ne fait que montrer ce que tout le monde voit ?

26

Les estampes japonaises

Mais Vincent ne perd pas complètement son temps à Anvers. Il découvre Rubens, un peintre hollandais qui fait chanter et vibrer les couleurs. Il découvre aussi l'art japonais, il a un vrai coup de foudre pour les estampes japonaises, des peintures aux couleurs vives, franches et tranchées. Elles mettent en scène **27**

un monde plein de vie et d'énergie, le monde de la rue, des femmes séduisantes, des troupes de théâtre, de la vie au bord des fleuves, elles montrent une nature forte et puissante, les majestueuses montagnes, la neige éclatante, la pluie battante. Vincent aime cette force et cette simplicité.

À midi, au Louvre

En arrivant dans la Salle carrée du Louvre, où il a rendez-vous avec Vincent, Théo essaie de cacher son inquiétude : Vincent est maigre et pâle, il lui manque des dents, il fait vieux et pourtant il n'a que 33 ans. Quand Théo a reçu sa lettre qui lui annonçait son arrivée à Paris, il a senti que Vincent allait mal. Mais pas à ce point. Il faut dire qu'à Anvers Vincent buvait, fréquentait des endroits louches,

attrapait toutes sortes de maladies, et n'avait plus un sou pour manger. Même le dentiste qui lui a arraché dix dents lui courait après pour se faire payer. Partir à Paris, chez Théo, voilà ce qu'il fallait faire pour échapper à cette vie de misère. Évidemment, Vincent ne peut pas donner un ren-dez-vous normal, à la gare par exemple, comme tout le monde le fait en arrivant de loin. Non. Rendez-vous au Louvre, à midi ! Il a besoin de revoir les tableaux des grands maîtres, cela lui fait plus de bien que toutes les cures de fortifiants.

29

Théo sait qu'on ne vit pas de peinture et d'eau fraîche, il emmène Vincent dans son appartement, et lui aménage une chambre pour qu'il se sente chez lui.

Bagarres entre peintres

Les professeurs des Beaux-Arts et les peintres de salon, ceux qui vendent cher les tableaux qui décorent les appartements des bourgeois parisiens, disent beaucoup de mal des peintres réalistes comme Gustave Courbet et Jean-François Millet. Ces peintres que Vincent adore se sont fait traiter de peintres vulgaires parce qu'ils préfèrent peindre la vie de tous les jours plutôt que des scènes de la Bible, de l'Histoire ou de la mythologie. On leur reproche de peindre des paysans et la misère du peuple plutôt que des héros ou la naissance de Vénus. De dangereux révolutionnaires, dit-on, comme tous ces écrivains réalistes que Vincent lit énormément, Zola, Dickens, Balzac, qui décrivent eux aussi la société dans laquelle ils vivent.

Les critiques se sont brusquement calmées quand l'empereur Napoléon III a autorisé une exposition officielle des peintres réalistes et naturalistes. Si l'empereur daigne les regarder, alors professeurs, journalistes, critiques d'art, les trouvent soudain beaucoup plus respectables.

Maintenant, tout ce beau monde s'acharne contre d'autres peintres, les impressionnistes, et encore une fois ce sont des peintres dont *31* Vincent se sent proche. À Paris, Vincent se trouve plongé pour la première fois de sa vie dans les disputes sans fin entre peintres.

Les impressionnistes

Les peintres de l'école académique accusent les impressionnistes d'insulter la peinture, de se moquer de l'art. Pour qui se prennent Manet, Sisley, Monet, Bazille, Renoir, Pissarro,

Cézanne et tous les autres ? Ces bohèmes qui peignent dehors, dans les champs de coquelicots, dans la rue, sur les places, face au soleil levant ou devant des gares… Qui ose appeler cela de la peinture ? Des taches de couleur, du n'importe quoi, disent-ils. Du barbouillage d'illuminés qui ne savent pas dessiner, ironise-t-on dans les salons parisiens.

32

C'est vrai, sur les toiles des impressionnistes, il n'y a pas de formes bien définies, de traits précis ou de contours nets. Les impressionnistes utilisent la couleur, et rien que la couleur, pour modeler les formes et les volumes. Une touche de couleur crée une fleur, une touche de couleur fait vibrer la lumière sur l'eau.

Ces nouveaux peintres ne cherchent pas à reproduire des objets ou des paysages, ils cherchent à faire renaître des instants d'émotion.

Ils veulent capter des instants de lumière, faire revivre ce que l'œil perçoit quand tout change tout le temps, un reflet, l'eau d'une rivière, le vent dans les feuilles d'un arbre…

Théo connaît bien ces artistes, il a quelques tableaux d'eux, mais il n'en vend jamais. Et ça ne va pas s'améliorer, car le directeur de la galerie où Théo travaille ne veut pas qu'il les accroche au mur, il a peur que cela fasse mauvais genre et que les clients ne rentrent plus. Vincent découvre, regarde, observe les tableaux impressionnistes. Il est avide d'apprendre, et il sent bien que le travail de ces nouveaux artistes va le faire progresser.

33

Encore un petit coup, Vincent !

Vincent passe son temps dans les cafés de Pigalle ou de Montmartre, avec Pissarro,

Toulouse-Lautrec, Gauguin, Seurat, Signac, Cézanne, Monet, Manet, Renoir... Heureusement que les patrons de café acceptent de temps en temps un de leurs tableaux pour se faire payer, parce qu'ils sont tous fauchés. Et les discussions sont bien arrosées. Un verre d'absinthe, deux verres d'absinthe. Et puis trois, quatre, il faut augmenter les doses pour retrouver ces moments si agréables pendant lesquels on flotte dans un autre monde. C'est une drogue, et, comme toutes les drogues, elle attaque le corps, l'esprit, le cerveau. Elle sera interdite en 1905, mais là, en 1886, l'ab-sinthe coule à flots et Vincent en est imbibé.

34

Les débats sont sans fin, on parle des techniques de peinture, des théories des couleurs et de la lumière. Seurat et Signac fixent des règles de peinture, ils se baptisent eux-mêmes divisionnistes ou pointillistes, leurs règles sont tellement strictes que Vincent se croit de retour à l'Académie. Les impressionnistes, aussi, se mettent à beaucoup parler règles et technique. À la longue, Vincent n'en peut plus, il préfère *35* peindre que participer à des débats dans des écoles de peinture.

La lumière de Paris

Alors il peint, beaucoup. Des fleurs, beaucoup de fleurs. Des coquelicots rouges, des bleuets, des roses blanches, des roses roses, des chrysanthèmes jaunes, des tournesols. Il dit qu'il fait des séries d'études de couleur,

il cherche des combinaisons et des juxta-
positions de couleur, sa peinture évolue vers
plus de lumière, plus de clarté. Les sombres
mangeurs de pommes de terre font partie du
passé, aujourd'hui tout s'éclaircit dans sa peinture. Les années passées à arpenter les musées,
les journées passées à copier des tableaux de
grands peintres, les œuvres des naturalistes,
les tableaux de Rubens, les bouquets de fleurs
du peintre Monticelli, les estampes japonaises,
les discussions avec les impressionnistes, la
lumière de Paris, tout cela bouillonne dans
Vincent, tout cela est prêt à exploser.

Des spirales d'émotion

Vincent peint, travaille, cherche, mais il a le
sentiment de ne jamais y arriver. Quand il peint
dans la nature, son corps tout entier, son cœur,

son esprit, son âme, vibrent. Une intensité, une passion, une spirale d'émotions. Un feu à l'intérieur. Il veut tout cela dans sa peinture. Ne pas y arriver lui fait mal, vraiment mal, ça le brûle de l'intérieur, ça le ronge, c'est insupportable, il faut qu'il mette tout cela sur la toile.

« *J'ai malheureusement un métier que je ne connais pas assez pour m'exprimer comme je le désirerais* », écrit-il un jour à Théo.

Avec le dessin, il n'a pas réussi. Avec la peinture naturaliste inspirée de Millet, il n'a pas trouvé. Avec l'impressionnisme, toujours pas assez d'émotion.

Il veut faire vibrer et rayonner les couleurs, il veut travailler la matière qui sort de ses tubes de peinture pour peindre quelque chose qui frôle l'éternel. De quoi s'acharner, de quoi s'épuiser.

Retrouver la nature

Il en a marre de tout, de la ville, des peintres, des gens. Il a essayé de s'intégrer dans des groupes, il a fait des efforts mais, en cet été 1887, il n'en peut plus. Il faut qu'il quitte au plus vite cette ville. Il sait ce qu'il lui manque. Il a besoin de retrouver ce qu'il aime, la nature, le grand air, le soleil.

Voilà une idée que Théo trouve très bonne ! Théo est trop gentil pour le dire, mais il a vraiment du mal à supporter son frère. Théo aime le Vincent tendre, délicat, doué, mais de plus en plus souvent surgit un Vincent dur, brutal et violent, qui écrase l'autre Vincent. Ces va-et-vient sont épuisants pour tout le monde, alors, quand Vincent annonce sa décision d'aller chercher le soleil et la lumière à Arles, une ville du midi de la France, Théo est soulagé.

« Je ne peux pas peindre aussi beau que cela ! »

La beauté de la nature autour d'Arles fascine Vincent. Dans les lettres qu'il continue d'envoyer chaque jour à Théo, il décrit la Camargue sauvage, les immenses étendues désertes, les marais, les lagons, les terrains rouges plantés de vignes, les abricotiers en fleur dans un petit verger vert frais, deux pêchers roses contre un ciel blanc et bleu, des pruniers d'un blanc jaune avec mille branches noires, une prairie couverte de boutons d'or très jaunes, les nuits étoilées au-dessus des cyprès et des champs de blé mûr…

Cela fait déjà huit mois qu'il a quitté Paris, et pourtant il écrit encore à Théo son émerveillement : « *Je ne peux pas peindre aussi beau que cela, mais cela m'absorbe tant que je ne cesse jamais.* »

Il peint, du matin au soir, en plein soleil. Les gens du Midi, habitués à se protéger du soleil, se demandent ce qui peut bien passer par la tête de ce grand roux venu du Nord. On n'a pas idée de rester des heures en pleine chaleur. Même quand le vent se lève, le violent mistral, Vincent ne peut pas s'arrêter de

peindre, il se débrouille en attachant son che-
valet à des piquets plantés dans la terre. La
nuit, il faut aussi sortir peindre, le ciel étoilé
est trop beau.

« *Je suis dans une rage de travail, puisque les
arbres sont en fleur et que je voulais faire un verger de Provence d'une gaieté monstre.* » L'urgence,
la course contre la montre pour saisir l'instant,
pour capter l'énergie de la nature, la vie, la
création.

Le teint café au lait de la jeune fille

« Le teint café au lait de la jeune fille » ; « le rose du corsage » ; « la mère, jardinière, couleur de terre, qui était alors en jaune sale et bleu fané… »

Tout est couleur dans le regard de Vincent. Quand il décrit des lieux ou des gens à Théo, il ne parle pas d'une maison, d'une jeune fille de 20 ans, d'un arbre, mais il parle de jaune, de rouge, de vert… Il raconte comment le teint café au lait d'une jeune fille se juxtapose au rose de son corsage, ce sont ces couleurs qui lui donnent envie de l'avoir pour modèle. Mais va-t-elle accepter ? À Arles, de moins en moins de gens acceptent de poser pour lui. Les prostituées d'Arles, qu'il fréquente beaucoup, n'aiment pas les portraits qu'il fait d'elles. Elles ont presque honte de se voir comme ça, pas ressemblantes du tout. Et puis on n'aime pas beaucoup ces toiles pleines de couches de peinture, comme si la matière était mal étalée, un peu comme des pâtés.

Oui, Vincent aime la matière de la peinture. Plus question de la rendre lisse, il faut au contraire voir l'épaisseur de la peinture, lui laisser du relief, du corps, de la vie, que l'on sente la pâte tout juste sortie des tubes, la matière malaxée, le passage des coups de pinceau. Des mouvements de couleur, comme autant de traces d'énergie laissées par le travail du peintre. Des tableaux chauds, explosifs, en fusion, rayonnant d'énergie, comme le soleil, vu de face.

43

Théo, l'ange gardien

Dans le noir, on n'aperçoit qu'une longue silhouette titubante. À chaque pas, on a l'impression que l'homme va s'écrouler par terre.

44   C'est Vincent qui sort du café de la gare et essaie de rentrer chez lui, dans sa petite maison jaune, en plein cœur d'Arles. Comme toutes les nuits, il a trop bu. Et en plus, sur un estomac vide, c'est pire que tout. Il faut dire que Vincent ne mange pas tous les jours. Il ne vit qu'avec l'argent que Théo lui envoie, et il préfère acheter des couleurs et de la toile que du pain et de la viande.

Et puis Théo ne peut pas toujours envoyer de grosses sommes. À Paris, dans sa galerie, il a aussi des soucis : il expose beaucoup de peinture moderne, Renoir, Pissarro, Cézanne, mais elle ne se vend pas. Ou à des prix très très bas. Un Renoir vaut 150 francs, alors que des peintres académiques comme Jean-Léon Gérôme ou Cabanel se vendent dans les 30 000 francs. Mais Théo n'a jamais lâché Vincent, même dans les pires moments. Il ne se plaint jamais d'entretenir son frère. Pas une remarque non plus sur les dizaines et les dizaines de tableaux que Vincent lui envoie et qu'il ne sait plus où mettre.

Que c'est beau le jaune !

Quand les précieux billets de 50 ou de 100 francs arrivent à Arles, Vincent achète des couleurs, encore des couleurs, de la toile, encore de la toile. Il demande aussi à Théo de

lui envoyer des couleurs de Paris, celles de la
boutique du père Tanguy, qui sont moins
chères que celles qu'il trouve à Arles. Il espère
toujours vendre ses tableaux au moins au
prix de la toile et des couleurs, pour payer
ses dépenses. Il propose aussi à Théo de ne
faire que du dessin noir et blanc pour limiter
les frais, mais n'y tenant plus il écrit deux
lignes plus loin : « *au nom de Dieu, fais-moi
parvenir la couleur sans retard* ». Du blanc
d'argent, du vert Véronèse, du rouge
carmin, du bleu de Prusse,
et puis du jaune
de chrome

citron, du jaune de chrome numéro deux, du jaune de chrome numéro trois, en double tube. Il en faut du jaune, pour le blé jaune, le soleil jaune, la paille jaune, les boutons d'or jaunes...

Le jaune, une couleur dont il est maintenant amoureux fou.

Les tournesols   47

Les tournesols peints à Paris étaient un peu timides, presque fermés, légèrement recroquevillés sur eux-mêmes. À Arles, les tournesols explosent. Toute la peinture de Vincent explose, rayonne, s'enflamme, le jaune éblouit, les fleurs s'ouvrent et se dressent, pleines d'énergie. Vincent peint un bouquet de tournesols pour décorer sa chambre de la petite maison jaune.

Plus tard, ces fleurs solaires passeront des années au fond d'un coffre-fort sombre, comme de simples lingots d'or. C'est ce qui arrive aux créations de génie, quand les hommes traitent les œuvres d'art comme des marchandises. Alors que ces œuvres appartiennent à l'humanité tout entière.

48

Gauguin est arrivé, enfin !

Le 22 octobre 1888, Paul Gauguin, que Vincent a beaucoup vu à Paris et qui en avait assez, lui aussi, des impressionnistes et de leurs règles, arrive à Arles. Vincent est content, il l'attendait depuis des semaines et n'y croyait plus. Avec Gauguin, il espère enfin réaliser le rêve qu'il a en tête depuis longtemps : créer un grand atelier pour accueillir des artistes qui veulent découvrir le Midi. Ils pourront vivre en communauté, travailler ensemble et s'aider les uns les autres.

Mais déjà, à deux, ce n'est pas facile. Vincent est très difficile à vivre, il est muet pendant des heures, et puis soudain il s'agite, fait du bruit, parle fort et pique des colères. Il a de plus en plus de sautes d'humeur et les relations avec Gauguin sont forcément difficiles.

Quand Vincent regarde le portrait que Gauguin vient de faire de lui, il ne lui en veut pas, il dit simplement : *« C'est bien moi, mais moi devenu fou. »* Vincent est bien placé pour savoir qu'un vrai peintre ne peint pas ce qu'il voit, mais ce qu'il sent. Son ami Gauguin le voit fou, et Vincent voit qu'on le voit fou.

49

24 décembre 1888, première crise

« *Aaaaaaaaaaaaaaaaaaaaaah !* » Rachel hurle et jette le paquet ensanglanté le plus loin possible. Un petit bout d'oreille ensanglanté tombe du papier dans lequel il était emballé. Vincent s'est coupé un bout d'oreille, l'a emballé, et vient de donner le paquet à Rachel, une prostituée d'Arles qu'il connaît bien.

Quand Théo apprend l'acte de folie que son frère vient de commettre, il saute immédiatement dans un train. À son arrivée, Vincent est complètement calmé et a déjà retrouvé ses esprits. Il peint. Il fait son portrait. Il s'est déjà souvent peint lui-même, mais maintenant il se peint avec un gros bandage blanc à la place d'une oreille.

Théo doit repartir à Paris travailler, mais il a confiance dans le docteur Rey, qui s'est bien occupé de Vincent. Gauguin, lui, a vite

disparu, il a sans doute peur de se faire agres-
ser par Vincent.

L'asile et les iris

Les voisins de Vincent aussi ont peur.
Quand ils le voient revenir chez lui après ce
moment de folie, ils font circuler une pétition
pour que le commissaire de police vienne le
chercher et l'enferme en prison. Vincent derrière des barreaux, loin des champs, de la
lumière, sans pinceaux, sans peinture ? Voilà
de quoi le rendre vraiment fou. Heureusement,
le docteur Rey est humain, compréhensif, il
se rend compte que ce serait une torture d'em-
pêcher Vincent de peindre.

D'ailleurs Vincent ne demande qu'une seule
chose : qu'on le laisse tranquillement continuer son travail.

52 Quitter sa maison d'Arles parce qu'on ne
veut plus de lui, habiter à l'asile de Saint-
Rémy-de-Provence, entouré de malades mentaux, arrêter l'alcool, prendre des repas à
heures fixes, barboter dans des bains relaxants,
peu importe. Du moment qu'il peut peindre.
Et il peut. Les médecins le laissent libre de sortir, d'aller peindre dans les champs ou dans
le jardin de l'asile, où Vincent a déjà repéré
des iris, bleus. Des iris qui vont devenir les plus
célèbres iris du monde.

De crise en crise

Mais ni le travail, ni la vie régulière, ni le calme de l'asile, ne réussissent à lui éviter une nouvelle crise, un an après la première. Quelques jours avant Noël 1889, Vincent avale de la peinture en suçant ses précieux tubes de couleur. Si on ne l'avait pas soigné immédiatement, il serait mort empoisonné.

53

Cette fois-ci, il a beaucoup de mal à retrouver l'envie de vivre. Les crises vont et viennent, elles le laissent épuisé, vidé, elles l'attaquent avec violence puis battent en retraite, la vie reprend, le calme s'installe, Vincent va bien, il repart peindre, et brutalement une crise surgit à nouveau. Une menace permanente rôde autour de lui, il sait qu'une crise de démence peut se déclencher à tout moment et le laisser anéanti pendant de longues journées.

Enfin !

Un journal parle de la peinture de Vincent Van Gogh. Enfin ! Quand Vincent termine de lire l'article de la revue *Mercure de France* de janvier 1890, il sourit, cela lui fait plaisir de voir que quelqu'un apprécie son travail. Celui qui signe l'article, Albert Aurier, est un spécialiste de peinture, il est critique d'art. Il a vu des tableaux de Vincent chez Théo, et il n'a pas réagi comme tout le monde. D'habitude, soit la peinture de Vincent fait peur, soit personne ne la regarde, soit on dit qu'elle a quelque chose mais qu'elle ne se vendra jamais. Pour la première fois, quelqu'un aime et comprend l'œuvre de Vincent. Pour la première fois, quelqu'un comprend à quel point Vincent exprime une sincérité, sa passion pour la nature et le vrai – son vrai à lui. Un art profond, complexe, très à part, conclut Albert Aurier.

Un mois après la parution de l'article, Théo vend un tableau de Vincent, *la Vigne rouge*. Pas cher, mais c'est sûrement un bon signe, et Vincent espère qu'il va bientôt pouvoir rembourser Théo, il n'en peut plus de lui demander de l'argent.

55

Guéri

Dans le train qui part de la gare d'Arles en direction de Paris, personne ne se doute que l'homme de 37 ans, assis là-bas, tout seul, sort d'un asile de malades mentaux. Personne ne peut imaginer non plus que cet homme à l'air modeste et simple peint des tableaux qui attireront des millions de personnes dans les musées du monde entier.

Sur les papiers de sortie de l'asile, sous le nom Vincent Van Gogh, le docteur Peyron, médecin-chef, a écrit : « *Guéri* ». Fou, pas fou ? Vincent s'en fiche complètement : « *Laissez-moi tranquillement continuer mon travail ; si c'est celui d'un fou, je n'y peux rien, alors.* »

Lumière orangée et verdure noire

Vincent reste à Paris juste le temps d'aller embrasser le petit Vincent Willem, le fils de Théo et Johanna. Il ne fait que passer, le but de son voyage, c'est Auvers-sur-Oise, un village à  une heure de Paris où beaucoup de peintres viennent travailler. Un village où les gens ne savent rien de l'histoire de Vincent, rien de sa maladie, rien de ses crises. Sa vie peut reprendre normalement.

Et tout est comme avant : Vincent se lève à 5 heures du matin, il sort peindre dans la nature, il rentre le soir vers 21 heures, il écrit chaque jour à Théo et lui parle à nouveau de lumière orangée, de verdure noire, d'une voiture jaune attelée d'un cheval blanc, d'épis jaunissants légèrement bordés de rose pâle, de la robe rose de mademoiselle Gachet, la fille du docteur, de son piano violet foncé, d'une mère en robe carmin foncé, d'une prairie fleurie, blanche, rose, jaune, verte, d'une figure noire à chapeau jaune et d'un chat noir... Sur ces toiles, il y a juste moins de jaune, moins de lumière, moins de soleil, plus de formes étranges, inquiétantes, presque hypnotisantes ; les nuages s'enroulent sur eux-mêmes, les arbres se tordent, l'air tourbillonne. La nature tout entière se tord et s'enflamme.

57

Le rayon noir

Vincent ne va rester que soixante-neuf jours à Auvers-sur-Oise. Tout va plutôt bien, il est juste contrarié quand, vers la mi-juillet, il apprend que Théo va faire un petit voyage en Hollande pour présenter son fils à toute la famille.

Il enchaîne les tableaux, *les Chaumes de Montcel, Ciel bleu et nuages blancs, le Château d'Auvers, la Plaine à Auvers, Portrait du docteur Gachet, le Champ de blé aux corbeaux*... Les couleurs sont puissantes, le jaune est éclatant mais les violets sont terriblement profonds et les noirs, menaçants.

Le 27 juillet 1890, Vincent prend un pistolet et se tire dessus. Il meurt deux jours plus tard, le 29 juillet 1890. Il n'a que 37 ans. Théo a eu le temps d'arriver pour être avec lui pendant les derniers moments de sa vie.

Van Gogh

Dans une lettre que Vincent n'avait pas encore postée, sa six cent soixante-huitième lettre à Théo, il le remerciait pour le billet de 50 francs qu'il venait de recevoir et il lui confiait : *« Mon travail à moi, j'y risque ma vie et ma raison y a fondu à moitié. »*

Sommaire

Vincent Van Gogh est né en 1853 dans un petit village hollandais. Il arrête l'école à 16 ans et travaille comme vendeur dans des galeries d'art, à La Haye, puis à Londres et à Paris. Il est passionné de peinture, mais son caractère très difficile finit par le faire renvoyer. Il se tourne vers son autre passion, la religion. Il part comme missionnaire dans une région très pauvre de la Belgique, mais il est de nouveau renvoyé. Il veut apprendre le dessin et la peinture, mais il a l'impression de perdre son temps dans les écoles d'art. À 33 ans, il s'installe à Paris et fréquente le milieu des peintres impressionnistes. Il part dans le Midi, à Arles, à la recherche du soleil et de la nature. Il peint avec acharnement, mais ses tableaux, qui sont aujourd'hui parmi les plus célèbres et les plus chers du monde, n'ont aucun succès. Van Gogh ne survit que grâce à son frère Théo, qui le soutiendra toujours. Il se suicide, à 37 ans, en 1890.

Les auteurs

Brigitte Labbé est écrivain et **Michel Puech**
est maître de conférences en philosophie
à la Sorbonne. Ils sont coauteurs de tous
les ouvrages de la collection « Les Goûters Philo »,
parus aux Éditions Milan.

Les illustrateurs

Jean-Pierre Joblin a réalisé la couverture
et les dessins de l'intérieur.
Tony Grippo a conçu le *flip-book*.

Dans la même collection

À paraître

Ulysse
Tolkien
Marie Curie
Charlie Chaplin

Ouvrages publiés avec le concours
du Conseil Régional de Midi-Pyrénées.

© 2004 Éditions MILAN
300, rue Léon-Joulin, 31101 Toulouse Cedex 9 – France
Droits de traduction et de reproduction réservés pour tous les pays.
Toute reproduction, même partielle, de cet ouvrage est interdite.
Une copie ou reproduction par quelque procédé que ce soit,
photographie, microfilm, bande magnétique, disque ou autre,
constitue une contrefaçon passible des peines prévues par la loi
du 11 mars 1957 sur la protection des droits d'auteur.
Loi 49.956 du 16.07.1949
Dépôt légal : 1er trimestre 2004
ISBN : 2.7459.1180.5
Imprimé par Aubin Imprimeur,
86240 Ligugé - France